Das Wunder in dir

Mit 100 einfachen Übungen für mehr Selbstliebe und dein Erwachen

V. Yve P. Roman

Impressum

© 2020 V. Yve. P. Roman
c/o Phoenix Rising Publishers
Villa dei Venti, Via della Valle 14, I-47030 Sogliano al Rubicone (FC)

Umschlagbild: Love Heals © V. Yve P. Roman
Symbole (Energizer): © V. Yve P. Roman
erhältlich bei http://www.space-traveller-awakening.jimdofree.com
Fotos: Pixabay

ISBN: 9798472604000
Independently published.

Von V. Yve P. Roman sind außerdem erschienen:

Der Hüter der Schwelle – Wege zum befreiten ICH BIN
Ares & Venus Cyberlove
Norden – eine schamanische Reise
Im Reich der Mondsonne

Inhaltsverzeichnis

I - Intro

Kennst du das?

Deine Tage laufen irgendwie nach demselben Schema ab. Ständig hast du irgendeinen noch unerfüllten Wunsch im Kopf. Du denkst laufend daran, was noch alles zu tun ist. Tausenderlei Wollen kreist in deinem Bewusstsein und wartet auf Verwirklichung. Und genau so viel will die Welt um dich herum von dir, zerrt an dir und lockt ständig mit Neuem! Es kann lange dauern, bis wir auf das Hamsterrad aufmerksam werden, in dem wir uns abstrampeln. Schließlich möchten wir ja "dazu gehören" und messen uns an dem, was andere offenbar haben.

Egal, wie die Ziele heißen: Karriere, harmonische Beziehung, Kinder, Haus, schickes Auto und zweimal im Jahr in Urlaub. Hast du dich jemals gefragt, ob es das ist, was du WIRKLICH willst? Ob diese Wünsche etwas mit deiner Seele zu tun haben?

Oder ist es vielleicht eher so, dass man ewig den gesellschaftlichen „Normen" hinterher hechelt, die eigentlich so gar nichts mit dem eigenen Streben nach Glück zu tun haben?

Ich kenne so manchen, der nicht hinterfragt, ob der Job, mit dem er die Hälfte seines Lebens verbringt, innerlich nährt, befriedigt und dem Dasein einen Sinn gibt. Sie glauben tatsächlich, glücklich zu werden mit einer Arbeit, die sie nur des Geldes wegen machen. Oder sie denken, dass eine glück-

liche Beziehung schon den miesen, öden Job auf-
wiegen wird. Dass die Beziehung alles kitten wird,
was sonst möglicherweise in ihrem Leben brach
liegt. Manch eine Mutter (oder Vater) lenkt sich
mit (den eigenen) Kindern und dem täglichen
Einerlei ab, um sich nicht mit sich selbst ausein-
andersetzen zu müssen.

Wie sollst du glücklich werden, wenn du nur dem
hinterher rennst, was die Welt scheinbar von dir
erwartet und du das Leben der Anderen führst?

Wenn wir uns in diesem Mahlstrom befinden,
verlieren wir den Kontakt zur Seele, zu uns selbst
und fallen aus der Mitte. Wir rennen wie ein
Schaf der Masse hinterher. Damit kann man tatsächlich sein ganzes Leben verbringen, ohne auf-

zuwachen. Doch die Seele schreit bei immer mehr Menschen inzwischen so gequält auf, was oft als Burnout, Depression oder Panikattacke erlebt wird.

Es gilt, den abgebrochenen Kontakt wieder her zu stellen. Wahres Glück findet nur der, der den Pfad der Seele für sich wieder entdeckt und beginnt, ihr Anliegen, ihre Mission zu verwirklichen. Das heißt, nach dem zu leben, was sich im eigenen Herzen als richtig und gut erfühlen lässt und zu lernen, Entscheidungen zu treffen, die es nähren, die die im Herzen beheimateten Gefühle wie Glück, Liebe, Harmonie, Frieden, Ausgeglichenheit usw. wieder zu erwecken und zu stärken. Glück ist ein immanentes Gefühl, kein Konsumgut oder Lebensziel.

Das bedeutet, die eigene Wahrheit aus all den allgemeinen Idealen, Weltanschauungen und Überzeugungen heraus zu filtern und anhand dieser inneren Wesens-Wahrheit das Handeln auszurichten, den eigenen Weg darin zu finden. Dieser Weg bringt dich in Kontakt mit dir und deiner Bestimmung.

Die innerste Wahrheit zu finden, setzt ein kritisches Hinterfragen der bisherigen Werte, Autoritäten und Glaubenssätze (Überzeugungen) voraus. Oft genug entsprechen unsere bewussten, durchaus erwachsenen Überzeugungen ganz und gar nicht den insgeheim gefühlten. Jenen Ansichten, die wir als Kinder einfach übernommen haben, die uns anerzogen oder gelehrt wurden. So manche ist eine aus der Not geborene, emotionale Überlebensstrategie, die früher einmal wichtig war, dann in Vergessenheit geriet und ins Unterbewusstsein rutschte. Von dort aus regieren uns all diese Vorstellungen als Erwachsene immer noch...

Bisher erschaffen wir unsere Realität weniger aus dem bewusst Gedachten, als vielmehr aus dem unbewusst Gefühlten! Das Gefühl gibt IMMER den Ausschlag bei der Kreation. Dabei entscheidet das stärkste Gefühl, egal ob bewusst oder unbewusst. Hat also das verdrängte oder verleugnete unbewusste Gefühl die größere Macht (weil intensiver), werden sich Umstände und Situationen ergeben, die dieses Gefühl bestätigen.

Wenn wir wiederum das verwirklichen, wofür wir WIRKLICH hergekommen sind, erfahren wir tiefe Erfüllung und andauerndes Glück. Das ist es, was wir eigentlich wollen. Nicht das Haus, das Auto oder viel Geld. Obwohl sich das als Beiwerk tatsächlich einstellen kann. Wir haben die Zielsetzung verwechselt. Statt unser Augenmerk auf die Gefühle zu richten - Glück, Harmonie, Sinnhaftigkeit, etc. - und durch welches DENKEN, FÜHLEN und TUN sie erreicht werden können, haben wir unsere Aufmerksamkeit auf Besitz gerichtet.

Wir glauben z.B., dass gerade diese Karriere uns einen Haufen Geld einbringt, womit wir uns dann das kaufen können, was uns glücklich macht. Willkommen in der Wirtschaftsversklavung! Wir sind heimlich der Überzeugung, wenn wir endlich den Traummann gefunden haben oder genau dieser Wunschpartner sich uns zuwendet, ist unser Glück vollkommen und wir sind alle Sorgen los - eine andere Form des Besitz- und Wunschdenkens. Der Begriff Wunschpartner könnte auch mit Lottogewinn, Karriere oder einem beliebigen anderen Wunschziel ausgetauscht werden – es bliebe dieselbe Aussage. All diese Wünsche haben nichts mit der Seele zu tun und was sie nährt.

Es geht um das FÜHLEN der Wahrheit! Dein Bauch hat andere Gefühle als dein Herz. Werden die im Unterbewusstsein vorhandenen Gefühlswahrheiten - die VOLLKOMMEN anders als dein bewusstes Denken sein können - verleugnet, kann das Herz nicht heilen.

SELBSTLIEBE bedeutet, sich *ALLEM* in dir zu stellen und dann dein Herz fühlen und sprechen zu lassen. Es bedeutet auch, den Unterschied zu erkennen zwischen Emotionen und wahren Gefühlen.

Wer sich selbst nicht liebt, erlebt sich permanent im Mangel und muss das „Loch" stopfen. Er muss es füllen mit allem Möglichen, nur nicht mit dem, was er wirklich braucht. Aus dem Mangelbewusstsein entsteht Egoismus. Egoismus ist nach außen gerichtet und muss unbedingt haben, sei es Geld oder Anerkennung und Wertschätzung. Der Egoist ist ständig im Mangel. Er ist das Gegenteil von Selbstliebe, die sich von innen nährt und nach dem lebt, was das Herz (die Seele) gebietet.

Die Seele liebt und achtet alles Leben und würde mit unserer Erde und der lebendigen Natur nicht so umgehen, wie wir es tun.

Diese Verbindung zu uns selbst verknüpft uns auch wieder mit allem Leben da draußen. Unser Streben, in Harmonie und Einklang mit der Natur zu verbringen, wird stark und unanfechtbar. Wir erleben sie dann als echte und tief im Inneren gefühlte Beziehung, die immer weniger von Au-ßen/Anderen erschüttert werden kann.

Sie weckt ganz natürlich unser Verantwortungs-bewusstsein nicht nur für uns selbst, sondern auch für alles Leben auf diesem Planeten, ange-fangen im eigenen Haus und Garten. Tiere und Pflanzen zu töten würde sich falsch anfühlen, genau wie das Ausbeuten von Rohstoffen und achtloses Zerstören von natürlich gewachsenen Landschaften.

Übersetzt: Bei einem Mangel an Selbstliebe werden wir nicht Berufe und Aufgaben ergreifen, die uns wirklich erfüllen und befriedigen. Stattdessen jagen wir Ersatzbefriedigungen hinterher und versuchen, Sein mit "Haben" zu ersetzen.
Wir würden einen Lebenspartner suchen, der die innere Leere füllt, uns versorgt, beschützt und die Liebe gibt, die uns für uns selbst fehlt.

Selbstliebe ist der Schlüssel, ein freier Mensch zu sein, der aus sich selbst schöpft und aus dieser Fülle mit anderen teilt.

AUS DEM HERZEN ZU LEBEN bedeutet, die *GOLDENE MITTE* gefunden zu haben. Aus dieser Mitte entspringt der ganze Fluss deines Seins. Mit dieser Mitte Kontakt zu halten weckt die Gefühle, die dich heilen. Das Herz und damit deine Seele zu fühlen öffnet Wege zu Seinszuständen der Liebe und des Glücks, die dir sonst niemand geben kann.

Dann wird es möglich, dich selbst zu verwirklichen und Frieden wie auch tiefe Erfüllung zu finden, die dich so satt machen, dass das Hecheln der Welt dich nicht mehr einfangen kann.

II – Liebe und Fürsorge in Zeiten von Corona

Der Begriff Corona kommt aus dem Lateinischen und bedeutet Sieger- oder Ehrenkranz oder -krone. Außerdem wird damit eine Lichterscheinung bzw. ein Strahlenkranz betitelt – wir kennen den Begriff v.a. im Zusammenhang mit unserer Sonne. Aus spiritueller Sicht kommt die Bezeichnung des unter diesem Namen bekannten Virus daher nicht von ungefähr und passt wunderbar zur Thematik dieses Buches!

Was wäre, wenn wir die aktuelle Krise nutzen, um

- sich nach Innen zu wenden und deine Werte und Wahrheiten zu finden?

- einen genaueren Blick auf die ethisch-moralischen Werte zu werfen, die in jedem heiligen Buch im Wesen gleich sind und die viele noch immer nicht für sich verwirklicht haben? Kannst du diese Werte mit deinen eigenen Worten formulieren und sie dir zu eigen machen?

- die richtigen und wirklich wichtigen Fragen zu finden und sie dir zu stellen?

- dankbar zu sein für das, was du bist und hast?

- Frieden zu schließen da, wo bisher keiner war?

- uns gegenseitig mit Wertschätzung und Achtsamkeit zu begegnen und der Kontakt aus dem Herzen stattfindet?

- neue Wege des harmonischen und fried-vollen Miteinanders zu finden? Wie sehen solche Wege für dich aus?

- aus dem Hamsterrad auszusteigen. Statt Geld oder Konsum hinterher zu rennen Ziele zu finden, für die es sich lohnt und die deine Seele sich begeistern? Welche Ziele wären das?

- allem Leben auf diesem Planeten – egal, ob Natur, Pflanze oder Tier – mit derselben Wertschätzung und Hochachtung zu begegnen und Wege zu finden, die Harmonie und das Gleichgewicht der Natur wieder herzustellen und zu erhalten?

- uns zu besinnen, Älteren - nicht nur der eigenen Familie, sondern auch Nachbarn - zu helfen und uns um sie zu kümmern?

- uns zu erinnern, dass wir eines Tages auch alt sein und uns freuen werden, wenn jemand für uns da ist?

Gehen wir doch einen Schritt weiter und schauen wir uns diese ethischen Werte an, die von jeher in allen Religionen der zentrale Bestandteil ihrer Lehren sind, unabhängig welcher Konfession du angehörst. Um diese Morallehren zu verinnerlichen und zu verwirklichen, brauchst du nicht an Gott zu glauben. Es sind Richtlinien, die das Leben selbst uns gibt, um ein friedvolles und harmonisches Miteinander zu ermöglichen und im Einklang mit der Natur zu leben.

Der Einfachheit halber möchte ich es anhand der 10 Gebote aus dem Christentum verdeutlichen. Dennoch sind diese Vorgaben universell und gelten für alle Menschen.

In einer Zeit des Wandels verändert sich unser Bewusstsein und mit ihm unsere Sicht und Verständnis der Dinge und ihres Urgrundes. Die Essenz der Wahrheit ist ewig und dennoch – wie wir auch die Facetten eines Diamanten drehen und wenden und unterschiedlichen Quellen des Lichts aussetzen, mit jeder winzigen Bewegung mag uns ein anderer, völlig neuer Aspekt des Regenbogens anstrahlen, uns verzaubern und im tiefsten Inneren berühren.

Und so wandelt sich nur scheinbar eine Jahrtausende alte Wahrheit und kleidet sich entsprechend der Entwicklung und Reife unseres Geistes in neue Gewänder und Worte. So ist auch die Sprache der Bibel den Kinderschuhen entwachsen, die in einer Epoche entstand, in der der Geist der Menschheit in Kinderschuhen steckte. Es wurde mit Ver- und Geboten, mit martialischen Strafen und Hölle gedroht. Himmlische Belohnung wurde für fügsamen Gehorsam versprochen. Aber braucht es das heute auch noch?

Dennoch – wer in der Bibel tiefer schürft, findet im sinngemäßen, nicht wortgetreuen Lesen auch heute noch die großen Wahrheiten, trotz essenzieller Streichungen diverser Konzile.

Hier versuche ich eine zeitgemäße Interpretation, um den Blick auf den unwandelbaren Kern der ethischen Werte erneut freizulegen: Mit neu gewählten Worten möchte ich den Weg aus einer chaotischen und an den Grundfesten des Lebens rüttelnden Ära aufzeigen, hin zu Liebe und Leben im Sinne des Christusbewusstseins – der verwirklichten Selbstliebe, die sich in Allem wieder erkennt. Denn wer wahrhaft liebt, verschmilzt mit ALLEM und unterscheidet nicht mehr zwischen Ich und Du. Aus dem Ich wird ein Wir und Wir ist dasselbe wie Ich. Wird dann ein anderer Mensch oder ein Tier getötet, ist das, als ob ein Teil von dir getötet wird. Wird Lebensraum zerstört, ist auch ein Teil von dir vernichtet. Das ist mit Christusbewusstsein und wahrer Liebe gemeint – ein allumfassendes Bewusstsein, das ALLES LEBEN LIEBT.

Diese Liebe beginnt bei dir selbst und bedeutet, all das zu lieben, was du an dir verachtet und verurteilt hast. Selbstliebe bedeutet, etwas Schlechtes in etwas Gutes zu verwandeln und dann danach zu leben und andere an diesem Guten teilhaben lassen.

Sie ist der Schritt in die nächste Dimension unseres Daseins, der evolutionäre Quantensprung, der uns bevorsteht. Dies ist der Weg, der der Menschheit in die Wiege gelegt wurde und die Wellen aus dem Ozean jenes erhöhten Bewusstseins haben uns bereits erfasst. Weckrufe können dabei auch die Gestalt eines Tsunamis oder einer Seuche annehmen, und seien wir ehrlich, es bedarf mitunter eines gewaltigen Weckrufs, damit möglichst viele erreicht werden.

Zur Erinnerung gebe ich hier nochmals die herkömmliche Version der 10 Gebote wieder:

Die 10 Gebote der Bibel

1. Du sollst keine anderen Götter haben neben mir.
2. Du sollst den Namen des Herrn nicht missbrauchen.
3. Du sollst den Feiertag heiligen.

4.   Du sollst deinen Vater und deine Mut-
        ter ehren.

5.   Du sollst nicht töten.

6.   Du sollst nicht ehebrechen.

7.   Du sollst nicht stehlen.

8.   Du sollst nicht falsch Zeugnis ablegen.

9.   Du sollst nicht begehren deines Näch-
        sten Haus.

10.   Du sollst nicht begehren deines Näch-
        sten Weib, Knecht, Magd, Rind, Esel
        noch alles, was dein Nächster hat.

Wir sind gereift. Doch bleibt die Kernaussage
aller Moral und Ethik bestehen, anhand derer
sich unser Geist in größere Höhen und neues
Terrain (ein-)schwingen kann.

„Moralische Wahrheiten sind das Brot der Seele und
des Lebens.
Jede Vervollkommnung ist nützlich in den Augen der
Menge, außer die Vervollkommnung der Seele.
Ihre Erziehung, ihre Erhebung wurden als Trugbild
erachtet, höchstens dazu gut, die freie Zeit der Prie-
ster und Dichter auszufüllen oder einem Modetrend
nachzugehen.
Wenn Spiritualismus vom Tode auferweckt wird, gibt
er der Gesellschaft Aufschwung, der innere Würde
und allen das Bedürfnis verleiht, sich zu dem höchsten
Wesen zu erheben, das er in sich trägt."
(frei nach Jean–Jacques Rousseau)

Hier nun ein Vorschlag, der die gewachsene Kraft

unserer Herzen berücksichtigt und dich durch

alle Stürme leiten kann:

Ethische Werte für die neue Zeit

1. Es gibt eine übergeordnete Intelligenz und

   sie manifestiert sich in allem, was ist. Du

bist ein Teil von ihr und selbst Schöpfer (deiner Realität)!

2. Bring der Schöpfung deine Wertschätzung dar. Sie ist ein Teil von dir und verdient deine Fürsorge.

3. Jeder Tag ist heilig. Erweise dich ihm würdig. Bleibe im JETZT und gib das Planen auf. JETZT ist der Augenblick deiner Macht – nicht in der Vergangenheit und nicht in der Zukunft.

4. Ehre die Weisheit der Älteren und Erfahreneren. Lass dich von Anderen inspirieren, dein eigenes Wesen zu verwirklichen.

5. Achte alles Leben; dazu gehören auch die Reiche der Natur, Mineralien, Pflanzen und Tiere. Verstehe und entdecke dich als liebevoller Gärtner und Hüter.

6. Stehe aufrichtig und integer zu den von dir eingegangenen Verpflichtungen. Wenn sie

mit deinen Werten nicht mehr vereinbar
sind, löse sie und verändere dein Handeln.

7. Achte das Eigentum und Glück anderer
   und belasse es ihnen. Entdecke die Fülle in
   dir und wie du sie verwirklichen kannst.

8. Bleibe der Wahrheit treu. Wahrheit ist
   nicht dasselbe wie Realität. Das, was du als
   Wahrheit annimmst, bestimmt deine Realität. Wenn deine Realität nicht die Wünsche deines Herzens widerspiegelt, ist es
   vielleicht an der Zeit, deine Wahrheit
   (Überzeugungen) zu überprüfen.

9. Sei großzügig allen Wesen gegenüber. Was
   du anderen wünschst, spiegelt die Wünsche für dich selbst.

Die 7 Tugenden

Die etwas archaisch anklingenden *Tugenden* können wir direkt als ethisch-moralischen Wertekompass nutzen.

1. Besonnenheit/Mäßigung
2. Gerechtigkeit
3. Tapferkeit/Mut
4. Weisheit
5. Glaube (Überzeugungen)
6. Hoffnung
7. Liebe

Der innewohnende Schlüssel und Weg

1. Alle Wesen sind vor der Quelle gleich.
2. Großzügigkeit, Großmut und Gnade.

3. Streben nach höheren Werten.

4. Es gibt einen höheren Plan. Vertraue auf die Weisheit einer dir weit überlegenen Intelligenz, die jedem Ereignis zugrunde liegt. Lass ab von Vergeltung, denn die Erkenntnis des Endziels entzieht sich dir. Begib dich auf den Pfad der Seele und finde die Weisheit in deinem innersten Wesen.

5. Wandle/transformiere in Liebe.

6. Erkenne und lebe nach dem für dich gesunden, heilsamen Maß.

7. Habe den Mut, jeden Tag neu zu beginnen.

Der Weg ist für uns alle derselbe, doch wie jeder Einzelne ihn beschreitet und meistert, ist absolut einzigartig. Und so hinterlassen wir alle Spuren im All.

III – Illusion und Wunder

Trennung ist eine Illusion!

Und zwar die größte von allen!

Nur als getrennte Individuen können wir die Erfahrung von Einsamkeit, Isolation, Mangel, Angst, Machtlosigkeit und Schmerz machen. Nur so können wir die Dramen verwirklichen, wie sie derzeit auf unserem Planeten stattfinden.

Die Seele, die in dir lebt, ist vollkommen und ruht in der Quelle der Schöpfung. Sie liebt grenzenlos, hat Zugriff auf alle Seins- und Wissensebenen und verfügt über unendliche Schöpferkraft.

Was ist passiert? Hätten wir uns das seelische Bewusstsein im menschlichen Gewahrsein vollumfänglich erhalten, könnten wir nicht die zahlreichen Erfahrungen machen, derentwegen wir hier sind. Das heißt, du wolltest all dies erleben (auch wenn du dich im Moment nicht daran erinnern kannst).

Das gilt es erst einmal zu verdauen...

Aus dieser Perspektive ergibt sich ein weiterer folgenreicher Schluss: Deine Seele wollte und wünschte diese Erfahrung des Getrenntseins zu erleben, denn das ist etwas, was sie nicht kennt. So gesehen begrüßt sie ALLE Erfahrungen, die sie als Mensch hier auf Erden macht. Sie wertet nicht!

Für sie gibt es kein richtig oder falsch, kein gut oder schlecht. Das heißt:

Jede Entscheidung, die du triffst, ist gut!
Jede Wahl von dir ist gut und führt dich zu
einer neuen Erfahrung!

Wenn du unsicher bist, vertraue auf das berühmte „Bauchgefühl". Welche Entscheidung FÜHLT sich für dich „STIMMIG" oder „RICHTIG" an? Das Fühlen ist die direkteste Verbindung zur Seele und damit ein verlässlicher Führer.

Was nicht heißt, den gesunden Menschenverstand abzuschalten. Nutze auch ihn, doch der Verstand kann nicht in die Zukunft denken und ist Begrenzungen unterworfen – deine Seele nicht!

Nichtsdestrotz hat deine Seele (also du selbst!) Weckrufe in dein Leben eingebaut. Das sind auf den ersten Blick eher unangenehme oder gar sehr schmerzhafte Erlebnisse. Es liegt an dir, mit welchem Fokus du an diese Situationen herantrittst. Ist deine Aufmerksamkeit auf das Problem gerichtet? Oder gehst du tiefer, unter die Oberfläche, und findest heraus, an was dich deine Seele erinnern will?

Gedanken und Gefühle sind Energie (Kraft).
Sie sind pure Macht.
Deine Macht.

Nun geht es daran herauszufinden, welchen Gedanken du Macht geben willst. Ertappst du deinen Verstand dabei, dass er sich ständig mit Problemen beschäftigt?

Ich habe mich jahrelang fast ausschließlich damit beschäftigt, wie ich zu Geld komme, Erfolg im Beruf habe und war ziemlich mit meinen zukünftigen Zielen zugange und wie ich sie erreichen könnte. Dabei fühlte ich mich oft als Opfer der Umstände, klein, machtlos und ungeliebt. Die wenigste Liebe hatte ich für mich selbst. Ständig hatte ich an mir zu meckern, dies und jenes an meinem Körper auszusetzen. Ich zweifelte ständig an mir selbst, meinem Wert und meinen Fähigkeiten.

Wenn Gedanken schöpferische Macht sind und sie fast ununterbrochen um Dinge wie eben beschrieben kreisen, was glaubst du, habe ich dann in meinem Leben manifestiert? Ja, genau! Ich erlebte immer wieder Umstände, die genau das widerspiegelten: Machtlosigkeit, Mangel, Wertlosigkeit. Verrat, Verletzung, Schmerz, Rückzug, Isolation, Einsamkeit, Ablehnung, Wut, Angst.

Es gibt Menschen, die haben für sich große Weckrufe in den Lebensplan eingebaut (Schicksalsschläge). Ich gehört eher zu denjenigen, die sich viele kleine kreiert haben. Es liegt ganz bei dir, wann du dich entschließt, deine Aufmerksamkeit auf etwas anderes auszurichten! Diese Wahl triffst du in jedem Moment neu! Und das geht nur im JETZT! Nicht gestern oder morgen, sondern GENAU JETZT!

Das ist damit gemeint, wenn gesagt wird:

Jetzt ist der Augenblick der Macht!

Das erfordert deine ganze Aufmerksamkeit und Übung. Du tust dir einen großen Gefallen, wenn du aufhörst, über die Vergangenheit oder die Zukunft nachzudenken, denn dort ist KEINE MACHT.

Das macht Planung dann auch überflüssig! Und zwar in zweierlei Hinsicht: Erstens brauchst du deine ganze Konzentrationskraft, um im Hier und Jetzt bleiben und deine Macht optimal zu nutzen; zweitens entwickelt sich deine Realität ja nach deinen Gedanken und Gefühlen. Sprich, sind deine Gedanken und Gefühle in positiver Form bei unendlicher Liebe, Glückseligkeit, Frieden, Harmonie u.ä., verwirklicht sich das auch in der Folge.

Es ist also gar nicht nötig, Gedanken- und Gefühlskraft für die Zukunft zu verschwenden.

Dabei geht es nicht darum, sich bestimmte Personen oder Situationen vorzustellen oder in Erinnerung zu rufen, um ein Glücksgefühl zu kreieren. Es geht darum, dich an dich *SELBST* zu *ErINNErN*!

Wie geht das? Du erinnerst dich, was ich dir schon früher von der Seele erzählt habe? Dein seelisches Bewusstsein ist unendlich, grenzenlos und ewig mit der Quelle der Schöpfung verbunden. Das heißt, dort gibt es KEINE TRENNUNG und du hast ZUGRIFF AUF ALLES im Überfluss.

Glaubst du, die Seele existiert außerhalb von dir? Nein, natürlich nicht! Sie IST IN DIR!

Der Weg ist eigentlich ganz einfach – und doch erfordert es *deine Entscheidung und die Bereitschaft, nach INNEN zu gehen* und *deine Aufmerksamkeit auf das Licht und GUTE in dir zu fokussieren.*

Bewusstsein ist Energie. Licht ist Ausdrucksform von Energie. Auch Gefühle und Gedanken sind Bewusstsein und Energie. Je nachdem, was dir sympathischer ist, kannst du dich also auf das strahlende Licht (Lichtfunken) in deinen Zellen konzentrieren und dann hinspüren, was für ein Gefühl sie dir vermitteln. Oder du spürst in deinem Körper den Gefühlen nach, die dir wichtig sind.

<u>Tipp</u>: Wenn es dir z.B. um das Gefühl des Geliebtwerdens geht, spüre hin, wo in deinem Körper du diese Liebe findest – mach sie nicht an einem bestimmten Menschen oder einer Situation fest. Die Liebe, von der ich spreche, ist an keinen Menschen gebunden, sondern allumfassend und <u>gleichzeitig</u> gilt sie <u>dir persönlich</u>.

Am Anfang ist es sicher hilfreich, du nimmst dir in Form einer meditativen Auszeit den Raum dafür, setzt dich gemütlich hin, schließt die Augen und lässt dir Raum und Zeit zu spüren, wo in dir (deinem Körper) das Gefühl z.B. des Friedens und der Stille zu fühlen sind.

Dein Körper hat ein eigenes Bewusstsein! Das macht es einfacher, denn er wird dir helfen, mit der Liebe in Kontakt zu kommen. Die Zellen und der Körper reagieren sofort! Gib dich ganz dem Fühlen hin und lass den Verstand beiseite. Der Verstand kennt sich mit der Dimension der Gefühle nicht aus und kann damit nichts anfangen. Der Verstand kann nicht fühlen!

Bleib im Spüren und lass es auf dich wirken. Lass es sich in deinem ganzen Körper ausbreiten und tauche mit deinem Bewusstsein darin ein.

Du entscheidest, wie oft du dein Bewusstsein dahin zurückkehren lässt. Ganz klar, je mehr Zeit du damit verbringst, dich auf dich Nährendes und Erfüllendes (Gedanken und Gefühle) zu fokussieren, desto schneller setzt es sich in deiner äußeren Realität um.

Der nächste Schritt wäre, wo immer du bist und was du auch gerade tust, erinnere dich an das Licht in deinen Zellen, an die Liebe, den Frieden, die Verbundenheit, etc., die du in dir trägst.

<u>Achtung</u>: Sobald du die Liebe deiner Seele bewusst erfährst, bist du zuhause angekommen!

Das heißt aber nicht, dass die Seele dir deine Entscheidungen abnimmt!

Sie ist mit ihrer Liebe immer da, in dir und um dich herum, doch sie wird dir nicht sagen, was zu tun ist! Du bist nach wie vor *FREI* in deinen Entscheidungen und du übernimmst die Verantwortung für dein Leben und Wirken.

Im Folgenden findest du einfache Übungen, die die Liebe in dir ganz einfach wachsen zu lassen.

IV – Hundert einfache Übungen, das All-Eins-Sein zu erfahren und dein Herz stark werden zu lassen

Wie kannst du nun die Liebe in dir wachsen lassen, so dass sie die Kraft entwickelt, mit allem und allen Frieden zu schließen? Mit Dir selbst, anderen und der Welt?

Wie kann sie so stark werden, dass sie dich bei jedem Schritt in deinem Leben leitet, frei von Angst?

Im Folgenden habe ich äußerst wirksame und einfache Vorschläge und Übungen zusammen getragen. Nimm dir jeden Tag Zeit für eine von ihnen und du wirst bald eine sichtbare Veränderung bemerken. Die Reihenfolge ist dabei ganz egal und kannst du selbst bestimmen.

Alle Vorschläge können beliebig oft wiederholt werden. Nach meiner Erfahrung macht es allerdings mehr Spaß, für Abwechslung zu sorgen. Gut möglich, dass du inspiriert auch eigene Ideen entwickelst, die du mit übernimmst. Starte mit Punkt 1.

1.   Führe ein Glückstagebuch ein, mit dem du jeden Tag kurz festhältst, für welche Übung du dich entschieden hast und kommentierst, wie es dir damit ging. Einmal im Monat lässt du Revue passieren und spürst den Veränderungen nach.

2. Glücksmomente

Schaffe dir jeden Tag einen Glücksmoment. Sei es, dass du jemandem (dir selbst?) ein kleines Geschenk machst, oder indem du z.B. einen Punkt deiner To-Do-Liste abhakst. Oder nimm dir die Zeit, einer Lieblingsbeschäftigung nachzugehen.

3. Stopp dem ewigen Tatendrang – Dein Sein fühlen

Gib dir wenigstens einmal täglich die Chance, einfach nur nachzuspüren, wie du dich gerade fühlst. Egal, ob das beim Arbeiten, Telefonieren oder Kaffeetrinken passiert. Erlebe das Sein jedes Mal bei einer anderen Tätigkeit, die du gerade ausführst oder beendet hast. Auf diese Weise wirst du dahinter kommen, was deinem Wohlsein und Wohlstand (bildlich und wörtlich) zugute kommt.

4. Zeit für Freude

Was bereitet dir besonderes Vergnügen? Was hat dir als Kind puren Genuss verschafft und als Erwachsener hast du es vergessen? Je nach Jahreszeit: Bau heute einen Schneemann (oder Schneefrau). Lauf barfuß durch eine frisch erblühte Wiese. Leg dich auf die nackte Erde (ohne

Decke), spüre ihren Rhythmus und errate Wolkenformen. Tanze durch den Regen und spring in die Pfützen.

5. Deine Sinne bewusster nutzen

Schärfe dein Wahrnehmungsvermögen, indem du deine Sinne bewusst einsetzt und damit auch leichter unterscheiden wirst, was dir gut tut und was nicht. Schließe an deinem Arbeitsplatz für einen Moment die Augen und höre und spüre, was um dich herum geschieht. Lass bei geschlossenen Lidern deinen Garten zu dir sprechen. Welche Gerüche kannst du erschnuppern? Wie fühlt sich die Luft auf deiner Haut an? Welche Zutaten kannst du in deinem Essen herausschmecken und wie fühlt es sich an. Spüre dabei in deinem Körper nach und finde genauere Worte als gut oder schlecht.

Der Schlüssel in dieser Übung sind die geschlossenen Augen. Wir sind sehr visuell ausgerichtet und vernachlässigen dabei oft unsere anderen, sehr wertvollen Sinne.

6. Jeden Tag etwas Neues

Jeder Tag ist ein neuer Anfang. Was willst du heute liebevoller und besser machen, als du es gestern noch getan hast? Probiere eine neue Strategie!

Lerne etwas Neues – was wolltest du schon immer einmal ausprobieren?

7. Zuhören

Auch Zuhören ist eine Form von Wertschätzung. Lass heute dein Gegenüber

ausreden und höre aufmerksam zu. Höre mit
dem Herzen zu – was will er/sie dir jenseits
von Worten mitteilen? Gib diese Wahrnehmung mit liebevoll gewählten Worten
an ihn weiter. Vielleicht ergibt sich ein
vollkommen neuer Sachverhalt...

8.   Körperreisen

Leg dich hin, schließ die Augen und reise
mit deiner Aufmerksamkeit nach und
nach in jede Körperregion. Fang bei deinen
Zehen am rechten Fuß an. Wie fühlen sie
sich? Hast du den Eindruck, dass sie ange-
spannt sind? Dann lass die Farbe und das
Licht in dir aufsteigen, das sie brauchen,
um zu entspannen, und sende es dorthin.
Beobachte, wie sich dieses Licht bewegt
(Pulsiert es oder ist es eine konstante

Strahlung? Breitet es sich aus, nimmt es eine bestimmte Form an?) und jede Zelle deiner Zehen aus- und auffüllt. Du spürst, wann es genug ist und gehst dann weiter in den restlichen Fuß, danach den Unterschenkel, usw. Bevor du im Unterleib mit den einzelnen Organen weitermachst, schwenkst du zuerst hinüber in den linken Fuß und verfährst so, wie eben beschrieben. So widmest du dich deinem ganzen Körper bis in die Haarspitzen. Er wird es dir danken und du dich hinterher ausgeglichen, erfrischt und innerlich ruhig und zentriert fühlen. Diese Übung bietet sich besonders an, wenn deine Gedanken nicht zur Ruhe kommen oder du dich körperlich unwohl und unruhig fühlst.

9.   Auszeit

Gönn dir heute eine Auszeit. Es bedeutet genau das: Das Aus der Zeit. Zeit spielt heute keine Rolle. Du planst und organisierst nichts! Du verbringst die Zeit mit schönen Dingen, die dein Herz erfreuen – ohne Zeitlimit. Genieße es!

10. Wählen I
Wahl kommt von freier Wille und du hast die Wahl. Wähle heute, glücklich zu sein, egal, was passiert.

11. Links, rechts, oben, unten
Bist du ein Rechtshänder? Dann wird es heute ein Tag der besonderen Art, denn du machst alles mit links. Für Linkshänder gilt das Gleiche genau anders herum. Aus der Routine auszusteigen erhöht deine bewusste Wahrnehmung.

12. Mache heute mindestens 3 Menschen ein ernstgemeintes Kompliment. Wiederhole diese Übung wöchentlich (mit immer wieder anderen Menschen in deiner Umgebung). Du wirst bemerken, dass der Wunsch wächst, diese Übung mehr und

mehr in deinen täglichen Ablauf zu inte-
grieren. Gib dem nach.

13. Achtsamkeit I

Was hängt alles im Kleiderschrank, was du
vielleicht nur ein- oder zweimal getragen
hast? Wie oft passiert es, dass du im Supermarkt zuviel eingekauft hast, das dann
verdirbt? Spür beim nächsten Einkauf in
dich hinein und frage dich, brauche ich das
wirklich?

14. Teatime oder Kaffeepause

Genau – die Betonung liegt auf Pause!! Ze-
lebriere diese Pause mit Genuss und rieche
und schmecke den Kaffee/Tee. Spüre, wie
er deinen Hals hinab rinnt und dich von
innen wärmt. Denk an die rosa Brille und
lass die Schönheit des Tages auf dich wir-

ken. Eine Pause ist als Wohlfühlmoment gedacht und nicht als verlängerte Arbeitszeit.

15.　JETZT ist der Moment

Wann immer du dich dabei erwischst, dass deine Gedanken schweifen oder über einem Problem brüten, ohne weiter zu kommen, hol dich ins Hier und Jetzt zurück! Befindest du dich in einer heftigen Diskussion, ist das ein toller Helfer, dich zu besinnen, BEVOR du etwas Unbesonnenes sagst.

Das ist ganz einfach: Schließ kurz deine Augen und spüre, wie du dich fühlst, genau in diesem Moment!

16. Sage dir heute: Today I create something wonderful – und überlege, was das sein könnte.

17. Jeden Tag nimmst du mehr von dem in deinen Tagesablauf auf, was dich glücklich macht. Es können kleine Dinge oder Tätigkeiten sein, mit denen du startest. Jeden Monat nimmst du etwas Größeres mit in deinen Alltag hinein, bis du nach einem Jahr oder zwei jeden Tag nur mit Dingen und Handeln füllst, die dich erfreuen, erfüllen und deinem Leben einen durch dich definierten Sinn geben.

Erstelle dir dafür eine Liste, damit du deinen Fortschritt nach verfolgen kannst.

18. Selbstmitgefühl

Betrachte dich selbst als deinen besten Freund und als einen geliebten Menschen. Bring dir selbst das Verständnis und Mitgefühl entgegen, das du für andere so bereitwillig zur Verfügung stellst. Verzeih dir einen Fehler, eine Unachtsamkeit oder Ungeduld. Erlaube auch unangenehmen Gefühlen wie Schuld, Scham oder Angst, da zu sein und umarme sie im Geiste.

19. Aus Alt mach Neu

Nutze den heutigen Tag, um einen Bereich deiner täglichen Umgebung neu zu erkunden. Das kann im Büro, zu Hause oder bei der Gartenarbeit sein. Achte auf alles mit

all deinen Sinnen. Hör genau hin, er-
schnuppere die Gerüche, schau, ob du etwas entdeckst, was irgendwie anders ist.
Sei besonders aufmerksam, wie sich was
anfühlt und schmeckt. So schulst du einer-
seits deine Achtsamkeit und andererseits
deine Beobachtungsgabe. Und so manches,
was so vertraut war, dass du es gar nicht
mehr bewusst wahrgenommen hast, könnte eine neue Erfahrung für dich parat haben...

20.	Beginne eine Liste zu führen mit den Sa-
chen, die dich glücklich machen. Verbringe
immer öfter Zeit mit diesen Tankstellen
und Kraftspendern.

21.	Heute ist ein Tag, an dem du dich zu Be-
ginn jeder Stunde zurück lehnst, die Augen
zu machst und ein paar Mal tief ein- und

ausatmest. Spüre, wie sich dabei dein Körper entspannt! Dann setze innerlich ein
Lächeln auf – lächle dir selbst zu und
komm mit diesem Lächeln im Gesicht in
deinen Alltag zurück.

22. Weniger ist mehr

Bist du ein Multitasker? Umfasst deine
tägliche To-Do-Liste mehr als 5 Punkte,
von denen du dir abverlangst, mindestens
die Hälfte zu schaffen?

Okay, dann ist heute der Tag, an dem du
dich nur EINER Sache widmest, dafür aber
mit deiner vollen Aufmerksamkeit und
Konzentration.

Außerdem machst du heute keine zwei
Dinge gleichzeitig, sondern alles nacheinander! Du nimmst dir Zeit und bleibst ganz
bei dem, was du gerade tust, ohne deine

Gedanken davon galoppieren zu lassen. Unter der Dusche spürst du dem Wasser nach, das über deine Haut rinnt – ohne nebenher die Zähne zu putzen. Deinen Kaffee trinkst du, ohne zu telefonieren oder zu chatten (egal, ob via Handy oder direkt mit der Person, die dir gegenüber sitzt). Du nimmst dir beim Essen für jeden Bissen Zeit und nimmst den Geschmack wahr und welche Körperteile dabei involviert sind. Also weniger tun, dafür aber mit bewusster Fokussierung!

Dies ist eine hervorragende Möglichkeit, dich langfristig auf das Wesentliche in deinem Leben auszurichten und das Hamsterrad hinter dir zu lassen.

23.   Die Kraft des positiven Denkens

Schon Descartes sagte: Ich denke, also bin ich. Deine Gedanken beeinflussen maßgeblich dein Leben – egal, ob du dir dessen bewusst bist oder nicht!

Wenn du schlecht von dir denkst und ständig Befürchtungen aller Art in deinem Kopf kreisen, wie soll da Gutes entstehen?

Mögliche Dauerbrenner könnten sein:

„Ich kann nicht...“ (Opferhaltung).

„Ich weiß einfach nicht, was ich wirklich will.“

„Das ist zu schön, um wahr zu sein.“

„Mir fehlt die Kraft... ich habe keine Zeit... ich bin schon viel zu alt...“

„Das ist zuviel des Guten.“

„Das dauert mir zu lang... das ist viel zu mühsam...“

„Das lerne ich eh nie... ich bin nicht gut
genug... ich bin es nicht wert...“
Den heutigen Tag verbringst du damit, sofort inne zu halten, sobald ein negativer
Gedanke hoch poppt und formulierst ihn
in deinen Worten in etwas Positives um.
Das kann richtig Spaß machen!

24. Tanz dich heute glücklich.

25. Atmen, atmen, atmen – erinnere dich den
ganzen Tag daran, tief ein- und auszuat-
men!

26. Nimm dir Zeit für die Natur – sie ist der größte Heiler, bringt dich zur Ruhe und öffnet deine Sinne. Wechsele zwischen Morgen- und Abendspaziergang und mach dir die unterschiedlichen Stimmungen, Geräusche und Gerüche draußen bewusst. Welchen Vogel hörst du vielleicht zum ersten Mal? Welche Blumen blühen gerade? Wie fühlt sich die Luft an und was macht

es mit dir, feuchten Waldboden zu schnuppern oder den Duft der Tannen wahrzunehmen? Was für Gefühle begleiten dich, während du langsam durch Wiesen oder Laubhaine wanderst? Fühlst du dich auf seltsame Art verbunden mit dem Weben und Leben um dich herum?

27. Verbringe eine Stunde offline! Kein TV, kein Handy, kein Computer. Nutze diese Zeit, dich um dich selbst zu kümmern.

28. Brief an dich
Schreibe heute auf ganz altmodische Art einen Brief an dich selbst. Erzähle, wie es dir geht, was dich gerade beschäftigt, von deinen Wünschen und Befürchtungen und Zielen. Erzähle von Konflikten. Was und/oder wen du hinter dir lassen möch-

test, wo möchtest du Frieden schließen.
Wo du in einem Jahr stehen möchtest.
Verschließe ihn und bewahre ihn in einem
besonderen Kästchen für ein Jahr dort auf.
Wenn du wieder öffnest, lass ihn auf dich
wirken und spüre dem nach, was sich verändert hat.

29. Wählen II
Wahl kommt von freier Wille und du hast
die Wahl. Wähle heute, dankbar zu sein,
egal, was passiert.

30. Innerer Frieden I
Es geht gerade drunter und drüber?
Setze dich aufrecht hin, schließ die Augen
und werde dir deiner Atemzüge bewusst.
Stell dir vor, dein Bewusstsein reist in dein
Herz und setzt sich in diesen Raum. Lass

deiner Fantasie freien Lauf und die Bilder aufsteigen, wie es dort wohl aussieht. Lass die Bilder einfach kommen, ohne etwas erzwingen zu wollen.

Das Herz ist der Sitz der Seele. Dort bist du der Quelle am nächsten. Spüre den Gefühlen nach, die sich einstellen, während du weiter an diesem Ort verweilst. Bleib so lange dort, bis du dich wieder ruhig und geerdet fühlst.

31.	Egal, was du heute tust oder andere tun, schließe heute Frieden mit dir.

32.	Entscheide dich heute dafür, jeden Moment zu genießen – EGAL, WAS PASSIERT. Wenn du traurig bist, genieße die Traurigkeit. Wenn du wütend bist, genieße den Ärger (ohne ihn an jemand anderem auszulassen). Wenn du dich schämst, genieße auch das und sei dankbar, dass dich dieses Gefühl auf etwas aufmerksam gemacht hat. Begib dich anschließend auf die Suche nach dem zugrundeliegenden Gedanken, der die Scham ausgelöst hat (oft hat es etwas mit deinem Selbstbildnis zu tun – s. dazu auch Affirmationen und positives Denken) und wandle ihn in eine positive Form.

33. Krempele eine deiner Gewohnheiten um. Geh oder fahr einen anderen Weg zur Arbeit. Putze dir die Zähne mit der anderen Hand. Kauf heute im Supermarkt neue Lebensmittel ein, die du früher nicht beachtet hast. Durchbreche immer wieder die Routine, um dich geistig fit und wach zu halten. So bleibt dein Bewusstsein aufmerksam und offen für Neues.

34. Verbringe einen Tag offline! Kein TV, kein Handy, kein Computer. Nutze diese Zeit, dich um dich selbst zu kümmern.

35. Was bedeutet Leben für dich? Wann und wo fühlst du dich so richtig lebendig? Mache eine Liste und ergänze sie, wann immer dir Neues dazu einfällt. Bring dieses

Lebensgefühl immer mehr in deinen Alltag.

36. Finde heraus, was dich zum Lachen bringt.
Lachen kann befreien – von Ärger, Trau-
rigkeit, Sehnsucht, dem Gefühl des Allein-
seins, etc...

37. Was gehört für dich alles zur Liebe? Welche Ausdrucksformen kann sie annehmen? Welche Qualitäten von Liebe gibt
es? In welchen Eigenschaften ist sie zu
entdecken? Unter diesem Oberbegriff
tummelt sich unendlich viel. Es gibt die
Liebe zum Leben, zur Natur, den Menschen, Freundschaft, Zusammenarbeit und
Teamwork, häusliche Gemeinschaften,
Familie, Seelenverwandtschaft und einiges

mehr. Liebe äußert sich z.B. in Wertschätzung, Respekt und Achtung vor dem Leben und der Vielfalt der Schöpfung. Liebe schwingt mit in Geduld, Sanftmut, Großzügigkeit, Freundlichkeit usw. Entdecke, wie viel Liebe sich bereits in deinem Leben befindet und wo sie sich überall verbirgt, ohne dass du dir dessen bewusst bist.

38. Oft begrüßen wir uns mit der Frage: „Wie geht es dir?" Meist ist es eine reine Höflichkeitsfloskel, doch heute richte die Frage an dein Inneres und mach dir bewusst, wie du dich tatsächlich fühlst.

39. Wie schmeckt der Winter für dich? Was gehört für dich dazu – an Nahrung und Tätigkeiten? Probiere in diesem Kontext auch etwas Neues für dich aus. Du triffst

dich gerade mit Freunden auf dem Weihnachtsmarkt und willst dir gerade den klassischen Glühwein bestellen? Wie wäre es stattdessen mit einer Feuerzangenbowle?

40.   Bring jemanden zum Staunen.

41.   Friendly Reminder I: Fertige dir ein Erinnnerungs-Post-it, achtsam zu sein – mit dir selbst, deinem Körper und deinen Gefühlen. Gern mit Verzierungen und

kreativer Ausschmückung. Klebe ihn gut sichtbar dahin, wo er dich auf jeden Fall erinnert.

42. Eine Atemübung für den Alphazustand (deines Gehirns): Setz dich aufrecht hin und atme für drei Minuten langsam ein und aus. Das Einatmen sollte genauso lang dauern wie das Ausatmen (notfalls in Gedanken mitzählen).

43. Heute ist der Tag für etwas vollkommen Neues! Tu etwas, was du noch nie getan hast.

44. Samadhi (=Sanskrit für innere Versenkung und Sammlung) Körperübung: Beuge dich langsam vornüber und lass dabei Kopf und Arme hängen. Am tiefsten Punkt

berührst du abwechselnd langsam mit der linken und dann der rechten Hand den Boden. Danach richtest du dich langsam wieder auf. Mach diese Übung zweimal hintereinander.

Samadhi bedeutet, aus der Überbetonung einer Seinsebene (mental, emotional, körperlich) in dein **ganzes Sein** zurück zu kehren. Wenn wir unser ganzes Sein ausfüllen, bleiben wir ruhig und gelassen und nichts kann uns so schnell aus der Bahn werfen.

45. Das Lernen hört nie auf – zum Glück! Gibt es ein Forschungs-/Wissensgebiet, das dich besonders interessiert? Bleib am Ball und forsche weiter oder schnuppere in et-

was Neues rein. Es gibt so viel zu entdecken!

46. Selbstreflexion

Nutze den Tag, um eine dieser (oder ähnli-
chen) Fragen nachzugehen: In welchen Situation und mit welchen Menschen fühle
ich mich besonders wohl oder unwohl?
Wie reagiert mein Körper darauf? Was
verursacht dieses Wohl- oder Unwohlsein
und wie kann ich es ändern?

So kannst du dafür Sorge tragen,
rechtzeitig deine Grenzen zu erkennen und Nein zu sagen, wenn dir
etwas zuviel wird. Du schulst außerdem deine Wahrnehmung und
deinen Fokus aus das zu lenken,
was dir gut tut. Dein eigenes Wohl-

befinden hat direkten Einfluss auf andere.

47. Vision Board

Nimm dir heute Zeit, an deinem Vision Board zu arbeiten. Was sorgt bei dir für Glücksgefühle? Finde Farben, Gegenstände, Bildausschnitte (aus Magazinen oder eigenen Fotos), die auf die Glückscollage sollen. Du kannst auch selbst malen und instinktiv zu den Malutensilien greifen, die dich ansprechen (Buntstifte, Wachsmalkreide, Fingerfarben, Wasserfarben, etc.). Es spielt keine Rolle, ob du etwas Gegenständliches oder eine Form/Muster oder einfach nur mit einer/mehrerer Farben experimentierst. Einzig wichtig ist, dass es dich glücklich macht.

Das Vision Board entsteht nicht an einem Tag. Du kannst diesen Vorschlag öfter wählen. Erst wenn es fertig ist, wähle einen Platz in deinem Zuhause, wo du es dir immer wieder in Erinnerung rufst.

48. Minimedi

Nimm dir ein paar ruhige Minuten, setz dich aufrecht hin und schließe die Augen. Atme ein paar Mal tief und entspannend durch. Entlasse beim Ausatmen einen deutlich hörbaren Seufzer des Loslassens. Dann spüre in dir nach, wo der Ort der Ruhe und des Friedens in dir ist. Nutze deine inneren Sinne des Sehens, Hören, Schmeckens, Fühlens und Riechens und gib diesem Gefühl eine Farbe und Form. Verweile in dieser geborgenen Stille so lang, wie du willst.

Wenn du wieder deine Augen aufschlägst, nutze kreativ deine Möglichkeiten, um diesen Ort mit auf deinem Vision Board zu verewigen.

49. Tu heute etwas, was du zutiefst liebst.

50. Wählen III
Wahl kommt von freier Wille und du hast die Wahl. Wähle heute, zufrieden und in Frieden zu sein, egal, was passiert.

51. Achtsamkeit II

Achte heute besonders auf deine Umge-
bung, egal, wo du dich gerade aufhältst.
Braucht ein älterer oder behinderter
Mensch deine Hilfe?

52. Genieße heute die kleinen Dinge des Lebens. Sie sind nicht selbstverständlich.

53. Reflektiere darüber, was Einheit und Eins-
sein für dich bedeutet und schreibe deine
Gedanken und Erkenntnisse in dein
Glückstagebuch.

54. Was bedeutet es, wenn uralte Weisheits-
lehren (und inzwischen auch die Wissen-
schaft) davon sprechen, dass alles miteinander verbunden und voneinander abhän-

gig ist? Wo ist diese Verbundenheit für dich offensichtlich und wo ist sie dir bisher gar nicht aufgefallen? Je größer der Kreis, desto mehr entzieht sich die Vernetzung unserer bewussten Wahrnehmung, weil wir oft nicht direkt betroffen sind (glauben wir!) und auch nicht gerade jetzt. Schreibe deine Gedanken und Erkenntnisse dazu auf.

55. Feng Shui Tag!
Geh durch dein Zuhause und deinen Kleiderschrank mit dem Ziel, bewusst loszulassen und zu entrümpeln. Das betrifft Dinge, du sehr lange nicht mehr oder noch nie benutzt hast Du kannst die Sachen einem guten Zweck zuführen, verschenken, in der Mülltonne entsorgen, das Eine oder Andere in der Erde verbuddeln oder

verbrennen. Trenne dich und schließe mit möglichen Erinnerungen und damit verbundenen Gefühlen im Guten ab. Das kann sich hinterher wie ein Akt der Befreiung anfühlen.

Außerdem gibst du Raum für Neues frei!

56.	Inspiration

Inspiriere heute jemanden. Das mag ein Kompliment sein oder ein Vorschlag zur Arbeitserleichterung – oder genau das Wort, das der Andere gerade braucht.

57. Sammle heute Momente (und keine Dinge). Glücksmomente, bedeutungsvolle Augenblicke, Seinsaufnahmen der Freundlichkeit, Wertschätzung, Anerkennung,
Erkenntnisse.

58. Wie schmeckt der Frühling für dich? Was
gehört für dich dazu – an Nahrung und
Tätigkeiten? Probiere in diesem Kontext
auch etwas Neues für dich aus. Du holst
dir gerade einen Strauß Tulpen aus der
Gärtnerei? Was wäre, wenn du lieber ei-

nen Wiesenspaziergang unternimmst und einen Haarkranz aus Krokussen anfertigst? Wenn wir der Qualität der Jahreszeiten gewahr werden, kann eine neue Verbundenheit mit Mutter Erde und den Lebensrhythmen entstehen.

59. Bring dich zum Staunen.

60. Vereinige deine männlichen und weiblichen Anteile! – Auch für Non-Esos geeignet!
Öffne die Arme zum Himmel und bitte um den Segen des vereinigten Lichts des Weiblichen und Männlichen.

   a. Lege die Hände auf dein Herz und lass zuerst das weibliche Licht durch deine linke Körperseite fließen.

b. Bitte darum, dass dieses Licht alles in dir berührt und zur Ganzheit zurückkehrt und heiße die Energie in dir willkommen.

c. Wiederhole den Vorgang für das Männliche und die rechte Körperseite.

d. Rufe das vereinigte und vereinigende Licht in deine Hände.

e. Lege nacheinander deine Hände auf den Scheitel deines Kopfes, deine Stirn, deinen Hals, dein Herz, den Solarplexus, den Nabel und den Schambereich und segne dich mit diesem Licht.

f. Lege deine Hände auf dein Herz. Lass das vereinigte Licht nun durch deinen ganzen Körper fließen (viel-

leicht hat es eine bestimmte Farbe?).

g. Nimm wahr, wie das Licht sich in
dir verankert, dich mit der Erde und
dem Himmel verbindet. Bitte es, das
alles, was weiblich ist, im Licht der
neuen Zeit auszurichten.

61. Verbring den ganzen Tag in der Natur –
ohne Handy und Konsorten. Nimm mit all
deinen Sinnen das Leben um dich herum
wahr und inwiefern du ein Teil davon bist.

62. Mach eine Vollmondwanderung. Nimm
mit all deinen Sinnen die Natur um dich
herum wahr und wie anders die Schwing-
ungen im Vergleich zum Tag sind. Wie
anders du dich selbst vielleicht fühlst. Zurück zuhause vergleiche dieses Erlebnis

mit einer deiner Naturspaziergänge während des Tages und mach dir die Unterschiede in der Wahrnehmung, Stimmungen, Gefühlen bewusst.

63. Bei allem, was du tust – just be. Bleib in jeder Situation mit dem Fühlen deiner selbst verbunden. Damit ist dein Wesen gemeint, nicht dein Ego und seine Emotionen. Das Fühlen deines Wesens entdeckst du bei deinen Reisen zum Herzen (Übung Innerer Frieden).

64. Achtsamkeit III

Widme dich heute mit Aufmerksamkeit deinem Körper. Wie spricht er mit dir? Wie reagiert er auf dir Unangenehmes? (Der Körper reagiert schneller als dein bewusstes Denken!) Wie veränderst du deine Haltung, was passiert mit deinen Händen und mit deiner Atmung? Beobachte auch, wie sich dein Körper äußert, wenn er sich wohlfühlt.

Er kann ein wunderbarer Lehrer sein, um Grenzen zu setzen (und dich so zu schützen) und herauszufinden, was dir wirklich gut tut – nicht nur emotional, sondern auch gesundheitlich.

Auf Essen, das dir schädlich ist, kann er z.B. mit Müdigkeit, Konzentrationsverlust oder Überdrehtheit (kommt z.B. bei Zuckergenuss vor) reagieren. Eine Spur heftiger sind dann schon Magenschmerzen, Übelkeit oder Krämpfe. Soweit muss es nicht kommen. Je mehr du auf deine Körpersprache achtest, desto schneller findest du heraus, was dich wahrhaft nährt und was entbehrlich ist.

Je öfter du diese Übung machst, desto deutlicher entwickelt sich die Stimme deines Körpers. Es kann dann schon reichen, dass du eine Verpackung siehst und ein unangenehmes Gefühl steigt auf.

Genau so lernst du, gesunde Grenzen für dich und andere zu setzen und gut für dich zu sorgen.

65. Innerer Frieden II

Starte eine Sammlung der Ruhepole in deinem Leben. Was und/oder wer bringt dich zur Ruhe? Ergänze diese Liste nach und nach und schaffe dir <u>tägliche</u> Inseln der Ruhe.

66. Verbringe einen Abend offline! Kein TV, kein Handy, kein Computer. Nutze diese Zeit, dich um dich selbst zu kümmern.

67. Bleib ruhig und denk ans Atmen.

68. Wenn's mal wieder länger dauert (Warteschlange und Co.), nutz die Zeit, um dich zu erden (statt ärgerlich zu werden). Spür die Füße in deinen Schuhen und wie du auf ihnen stehst, wie sie auf der Erde stehen. Ist dort irgendwo eine Spannung zu spüren? Dann mach eine Mini-Körperreise zu ihnen (das geht auch mit geöffneten Augen) und versorge sie mit dem Licht, das sie brauchen.

69.	Iss heute sehr achtsam und bewusst. Koch die Mahlzeit selbst und wähle jede Zutat sorgsam aus. Danke innerlich Mutter Erde für ihre Gabe, den Bauern für die Ernte und allen anderen Beteiligten, die dafür gesorgt haben, dass dieses Essen bei dir auf den Tisch kommt, inklusive dir selbst – und zwar *von Herzen*. Schmecke die verschiedenen Zutaten und Gewürze beim Essen heraus und genieße jeden Bissen.

70.	Wie schmeckt der Sommer für dich? Was gehört für dich dazu – an Nahrung und Tätigkeiten? Probiere in diesem Kontext auch etwas Neues für dich aus. Du liegst gern faul am See und liest ein gutes Buch? Dann spiele heute unbedingt eine Partie Wasserball!

71. Sei heute dankbar für alles, was passiert.

72. Sieh heute all das Gute in deinem Leben und in anderen Menschen. Wirft dich etwas aus der Bahn, verärgert, erschreckt oder erschüttert dich, nimm dir Zeit, nachzuforschen, was Gutes dahinter stecken könnte.

73. Affirmationen

... können dich sehr gut dabei unterstützen, dein positives Denken weiter zu stärken. Wichtig dabei ist, dass du sie innerlich auch bejahen kannst. Die Worte müssen unbedingt passend für dich und deinen Verstand sein. Wenn du dich hässlich findest, wird es – erstmal – nicht helfen, dich vor den Spiegel zu stellen und dir ins Gesicht zu sagen: „Du bist wunderschön". Das würde dein innerer Schweinehund sofort boykottieren! Aber vielleicht kann er es leichter annehmen, wenn du dir sagst, was dir an dir selbst gefällt (z.B. „Du hast ausdrucksstarke Augen.") – denn garantiert nicht alles an dir ist hässlich! Nutze den heutigen Tag dafür, eine positive Affirmation für dich zu finden, wo du dich bisher geringschätzig bewertet hast.

Achte auf den Klang der Worte und wie es sich für dich anfühlt. Fühlt es sich gut an, dann mach aus dieser Affirmation ein tägliches Mantra, das du rezitierst, wann immer du daran denkst. Sie bekommt noch mehr Energie, wenn du sie laut aussprichst und so deine Intention verstärkst. Wenn du es dir selbst im Spiegel sagen kannst, ohne dir lächerlich vorzukommen oder dich zu bespötteln, hast du die treffenden Worte gefunden!

Überprüfe nach ein paar Wochen, ob dieses Mantra einer „Nachjustierung" bzw. Erweiterung bedarf. Hast du die Affirmation verinnerlicht und in dein Wesen aufgenommen, spürst du ganz genau, ob deine Selbstachtung gestiegen ist – und mit einer neuen Affirmation beginnen.

Es kann sehr nützlich sein, hier mit einem
seriösen Coach oder Therapeuten zusammen zu arbeiten.

74. Zuviel im Kopf oder den Kopf in den Wol-
ken und den Boden unter den Füßen ver-
loren? 2 Minuten Hüpfen erdet dich,
bringt gute Laune und Freude. Es erfrischt
Körper und Geist und bringt dich *ganz
ins Hier und Jetzt*.

75. Friendly Reminder II: Dankbarkeit ist das
beste Mittel, dem Universum mitzuteilen,
dass wir mehr von einer Sache wollen.
Fertige dir ein Erinnnerungs-Post-it,
dankbar zu sein für all das Gute in deinem
Leben. Klebe ihn gut sichtbar dahin, wo er
dich auf jeden Fall erinnert.

76. Du bist nicht allein, auch wenn es sich
     manchmal wirklich so anfühlt.

77. Annehmen
     Welche Gefühle auch immer heute über
     dich kommen, ERLAUBE ihnen, da zu sein
     und halte sie aus. Finde für jedes einen
     Weg, es auszudrücken, ohne jemand an-
     deren dabei zu verletzen. Sind es schöne
     Gefühle, finde einen Weg, andere daran
     teilhaben zu lassen.

78. Grounding – eine tolle Erdungsübung
     Du kannst diese Übung im Stehen, Sitzen
     oder Liegen durchführen. Schließe dabei
     deine Augen und stell dir vor, wie aus dei-
     nen Füßen Wurzeln in die Erde wachsen.
     Lass sie langsam immer tiefer ins Erdreich
     vorgehen und beobachte, wie ganz dicke

Stränge entstehen, aber auch ganz feine, die wie Äderchen durch den Boden mäandern. Nimm wahr, wie du durch diese Wurzeln Lebensenergie aufnimmst. Wenn du dich tief und weit genug in deinem Heimatplaneten verwurzelt hast, kehre erfrischt, gestärkt und wieder <u>selbst-bewusst</u> in deinen Tag zurück.

79. Bereite dir selbst eine Freude (kein Shopping!)!

80. Du fühlst dich irgendwie blockiert und
    kommst nicht weiter?

    Mach Überkreuzbewegungen der Arme
    und Beine. Berühre abwechselnd erst das
    linke, hochgehobene Knie mit dem rechten
    Ellenbogen, dann genau andersherum.
    Dann berühre von hinten die linke Fuß-
    sohle mit der rechten Hand und umge-
    kehrt. Wiederhole das mehrere Male.

    Diese Übung synchronisiert deine Gehirn-
    hälften und löst Polaritäten auf.

81. Wie schmeckt der Herbst für dich? Was gehört für dich dazu – an Nahrung und Tätigkeiten? Probiere in diesem Kontext auch etwas Neues für dich aus.

Statt die feuchte Kühle zu meiden, geh lieber raus und sammle viele verschiedene abgefallene Blätter, die du trocknest und daraus Grußkarten bastelst. Wenn wir der Qualität der Jahreszeiten gewahr werden, kann eine neue Verbundenheit mit Mutter Erde und den Lebensrhythmen entstehen.

82. Macht hoch die Tür, die Tor macht weit... ein Herzöffner:

Beginne mit der Alphazustand-Atemübung. Dann geh in ein Gefühl der Wertschätzung. Dazu kannst du dich gern einer Erinnerung bedienen. Es kann eine Person, Tier, Ereignis u.ä. sein. Wichtig ist, dass du in diesem Moment die Wertschätzung und Sympathie deutlich und stark spürst. Fokussiere dich dabei auf dein Herz. Summe den Ton, den du im Herzen spürst und der ohne Bewertung oder Kontrolle durch dich aufsteigt. Rufe erst den Himmel und dann die Erde (oder dir passend erscheinende Stellvertreter) an und stell dir vor, wie sie sich in menschlicher Gestalt liebevoll in deinem Herzen vereinen. Verbleibe bei der Beobachtung, bis diese Vereinigung abgeschlossen ist.

Wenn du ins Hier und Jetzt zurück kehrst, nimm Gefühlsveränderungen wahr und notiere sie in dein Glückstagebuch.

83. Beschenke heute einen Menschen, den du noch nie bedacht hast.

84. Wenn die Angst zuschlägt: Stell dich breit in einen Türrahmen, deine Füße berühren links und rechts den Türpfosten. Deine Hände berühren links und rechts die oberen Türecken. Erinnere dich an die Erdungsübung und spüre deinen Wurzeln nach. Währenddessen atmest du ganz bewusst tief ein und aus.

Sobald du ruhiger wirst, geh mit deiner Aufmerksamkeit in dein Herz (den Ort,

den du in Frieden I kreiert hast) und verbleibe in dem Frieden dort, solang du
magst.

Angst ist eine <u>Folge</u> von mangelnder Prä-
senz. Wenn wir uns etwas oder jemandem
im Inneren oder Äußeren nicht stellen
wollen. Das geschieht so schnell und unbewusst, dass wir erst durch die Angst
darauf aufmerksam gemacht werden.
Diese Übung ist ein wunderbares Hilfs-
mittel, wieder ruhig zu werden und dich zu
sammeln. So kannst du dich viel besser
dem stellen, was deine Aufmerksamkeit
erfordert.

85. Tu heute etwas Erstaunliches und Unge-
wöhnliches.

86. Sonne tanken und der Zirbeldrüse (sie dient der erweiterten Wahrnehmung und schüttet Melatonin aus) Gutes tun. Nutze den Sonnenauf- oder untergang und blinzele 5-10 Sekunden in die Sonne.
Wenn du magst, wiederhole das jeden Tag und verlängere täglich das Blinzeln um 5-10 Sekunden (maximale Dauer 44 Min.). Die Epiphyse wird entkalkt und deine Sehkraft verbessert. Außerdem macht die Sonne ja Laune!

87. Gibt es jemanden aus deiner Vergangenheit, dem du noch grollst?

Heute ist eine gute Gelegenheit, Frieden zu
schließen. Richte dir einen kleinen Altar in
einer ruhigen Ecke deines Zimmers her.
Lege morgens einen Gegenstand darauf,
der dich an ihn erinnert und den du mit
ihm verbindest. Den Tag nutzt du, um über
den anderen und dich und das, was vorge-
fallen ist, nachzudenken. Erinnere dich
nicht nur an das Schlechte, sondern auch
das Gute, das ihr geteilt habt oder das dir
daraus erwachsen ist.

Bis zum Abend werde dir klar, ob du weiter
deine Energie an jenes verletzende Ereignis binden willst (Energie, die dir woanders
fehlt) und dich weiterhin mit unangenehmen Gefühlen belasten willst.

Falls nicht, nutze den Abend, um eine Kerze für dich und den anderen aufzustellen und gehe für dich in ein imaginäres Gespräch mit ihm. Erzähl ihm, was gut war und was dich verletzt hat. Dann teilst du ihm deinen Entschluss mit, die Vergangenheit loszulassen und deinen Wunsch für euch beide, Frieden zu finden. Spür in dein Herz und wenn du bereit bist, sprich: „Ich vergebe dir und ich vergebe mir (dass ich so lange daran festgehalten habe, etc. etc. Da könnte dir schon noch einiges einfallen)." Lass es in dir wirken.

Fühlst du dich befreit (vielleicht auch erst ein paar Tage später), bitte auch den anderen um Vergebung. Wenn du innerlich wirklich bereit dafür bist, wirst du erkennen, wo du den anderen für etwas verantwortlich gemacht hast, das eigentlich deine Eigenverantwortung ist. Dann beginnt dieser Schritt Sinn zu machen. Gut möglich, dass der Satz dann lautet: „Ich bitte dich um Vergebung (für?) und ich vergebe mir (was?)."

88. Fertige eine Liste der Eigenschaften an, die dich an dir stören. Notiere, wofür sie gut sind.

89. Sei heute zu allen – auch dir selbst – von Herzen (!) freundlich!

90. Raus aus alten Denkmustern
Nimm dir heute eine halbe Stunde Zeit, dich wie die Sufis zu drehen. Es gibt tolle CDs (mit Anleitung; es ist wirklich einfach). Falls du einen Tipp möchtest – ich empfehle „Sufi Breathing" vom Dehypno Verlag.
Das Drehen leert dein Hirn und macht Platz für Neues.

91. Bleib heute den ganzen Tag bei der Wahrheit! Kein Schummeln, keine Notlügen,

sondern pure Ehrlichkeit, aber mit Herz vermittelt (das nennt man Weisheit).

92. Was macht diesen Tag heilig? Wie fühlt sich das Heiligsein an und welcher Teil von dir ist heilig (= unantastbar in seiner Würde)? Was bedeutet es, dir deiner Menschenwürde bewusst zu sein? Diesen Teil zeigst du heute der Welt da draußen. Wie könnte man einen Tag besser ehren, indem du dich in deiner angeborenen (nicht antrainierten) Würde zeigst und dich nicht klein machst? Diese Würde auch in anderen achtest, ohne sie auf ein Podest zu stellen (mancher Chef hätte das gerne)? Würdige heute den Tag und finde eine Ausdrucksweise dafür. Würdige dich selbst und finde auch dafür den passenden Weg.

Dies kann eine äußerst erhebende Erfahrung sein!

93. Wem gegenüber könntest du heute großzügig sein? Und wie sieht dieser Großmut
aus?

94. Stell dich heute einer philosophischen
Frage, der du bisher aus dem Weg gegan-
gen bist. Tausche dich mit anderen aus,
besorg dir entsprechende Literatur und
notiere deine Erkenntnisse. Dies ist eine
Übung, die sich über einen längeren Zeit-
raum erstreckt; bleib am Ball.
Es erweitert deinen geistigen Horizont.

95. Welche immateriellen Werte sind unver-
zichtbar in deinem Leben? Nach welchen

Werten möchtest du leben? Beginne eine
Liste.

96. Nimm heute einen der Werte von deiner
Liste und lebe danach – den ganzen Tag,
mit allem und jedem, was dir begegnet.

97. Bereite heute jemandem eine Freude!

98. Eine innere Reinigungsübung zur Klärung
von Gedanken und Gefühlen (eigenen und
fremden): Stell dich vor deinem inneren
Auge unter einen Wasserfall aus reinem
Licht, der alles abwäscht, was dich daran
hindert dich SELBST zu spüren. Er fließt
nicht nur an deiner Haut entlang, sondern
reinigt dich auch innerlich. Hab einen besonderen Fokus auf die Lichtdusche deiner
Haare! Sie sind unsere Sende- und Emp-

fängerantennen und verdienen besondere
Aufmerksamkeit.

99. Zeit der Vergebung

Erinnerst du dich an die Liste mit deinen
schlechten Eigenschaften? Such dir heute
eine davon aus.

Geh in dein Herz und sprich klar und
deutlich aus: „Ich vergebe mir meine... . Jeder Tag bietet neue Chancen, meine ... po-

sitiv zu nutzen. Und heute fange ich damit an." Entscheide dich, sie heute in ihrer positiven Form zu nutzen und wähle gezielt eine Situation aus, in der du normalerweise negativ reagierst. Setze deine Eigenschaft bewusst und diszipliniert in einer guten Ausdrucksweise ein. Du kannst das!

100. Es gibt eine Sorge, für die du im Moment keine Lösung hast? Schreibe sie heute auf ein Stück Papier, mach einen Spaziergang zu einem fließenden Gewässer und baue ein kleines Schiffchen für die Sorge. Schick sie auf die Reise mit der Bitte, mit einer Lösung zu dir zurück zu kommen. Winke ihr zum Abschied mit einem Lächeln hinterher und lass die quälenden Fragen vorerst ruhen.

Ich wünsche dir viel Freude beim Entdecken der

Wunder in dir!!

Über mich

Hat dir diese Exkursion in die bewussten Seinswelten gefallen? Es ist ganz einfach, wenn man dem Weg der Liebe folgt – einer Liebe, die von Herzen kommt, frei, grenzenlos und ohne Bedingungen. Dein Herz kennt die Wahrheit.

Da die meisten von uns allerdings nicht mit bedingungsloser Liebe groß geworden sind und wir in einem System leben, das versucht, uns in Mangel und Angst zu halten, um uns kontrollierbar zu machen, verlieren viele im Laufe ihres Lebens den Kontakt zu sich Selbst. Wir vergessen, dass wir frei sind und verlagern unser Streben auf Ziele, die uns von außen als begehrenswert verkauft werden. Dadurch entfernen wir uns noch weiter von unserer wahren Natur.

Doch du bist frei und kannst in jedem Augenblick wählen, dich für dich selbst und die Fülle in dir zu entscheiden.

Diesen Prozess des Erwachens und Erinnerns zu unterstützen, gehört zu meinem Selbst-erwählten

Dienst hier auf Erden. Dir dabei zu helfen, die Freude und Leichtigkeit in dir wieder zu entdekken, bereitet mir größte Freude. Dich auf deinem Weg zu begleiten und herauszufinden, was du wirklich willst und wo du es findest, ist die Arbeit in meiner Praxis – Heilung durch die und mit der Seele.

P.S. Über die in diesem Buch abgebildeten Symbole findest du mehr Info unter: www.space-traveller-awakening.jimdofree.com.

Bibliographie und empfohlene weiterführende Literatur:

- De Grandis, Francesca – Die Macht der Göttin ist in dir, 1998, Ansata Verlag
- Evertz, Anke – 9 Tage Unendlichkeit, 2019, Ansata Verlag
- Holitzka, Marlies und Klaus – E.V.A. Projekt, 2010, Arun Verlag
- Kardec, Allan – Das Buch der Geister, 1857
- Melchizedek, Drunvalo – Die Blume des Lebens, Band 2, 2009, KOHA Verlag
- Li, Christiane und Krautwald, Ulja – Der Weg der Kaiserin, 2003, Knaur Verlag
- P. Roman, V. Yve – Der Hüter der Schwelle – Wege zum befreiten ICH BIN, 2016, Create Space Verlag
- Wickland, Carl – Dreißig Jahre unter den Toten, 1924, Reichl Verlag
- Yogananda, Paramahamsa – Autobiographie eines Yogi, 1950, Self-Realization Fellowship

Haftungsausschluss

Die Umsetzung aller enthaltenen Informationen, Anleitungen und Strategien dieses Buchs erfolgt auf eigenes Risiko. Für etwaige Schäden jeglicher Art kann der Autor/Verlag aus keinem Rechtsgrund eine Haftung übernehmen. Für Schäden materieller oder ideeller Art, die durch die Nutzung oder Nichtnutzung der Informationen bzw. durch die Nutzung fehlerhafter und/oder unvollständiger Informationen verursacht wurden, sind Haftungsansprüche gegen den Autor/Verlag grundsätzlich ausgeschlossen. Ausgeschlossen sind daher auch jegliche Rechts- und Schadensersatzansprüche. Dieses Werk wurde mit größter Sorgfalt nach bestem Wissen und Gewissen erarbeitet und niedergeschrieben. Für die Aktualität, Vollständigkeit und Qualität der Informationen übernimmt der Autor/Verlag jedoch keinerlei Gewähr. Auch können Druckfehler und Falschinformationen nicht vollständig ausgeschlossen werden. Für fehlerhafte Angaben vom Autor/Verlag kann keine juristische Verantwortung sowie Haftung in irgendeiner Form übernommen werden.